TRANZLATY

Language is for everyone

ژبه د هر چا لپاره ده

Aladdin and the Wonderful Lamp

څراغ انګیز شګفت او علاءالدین

Antoine Galland

انتون ګالند

English / پښتو

Copyright © 2025 Tranzlaty
All rights reserved
Published by Tranzlaty
ISBN: 978-1-83566-928-0
Original text by Antoine Galland
From *"Les mille et une nuits"*
First published in French in 1704
Taken from The Blue Fairy Book
Collected and translated by Andrew Lang
www.tranzlaty.com

Once upon a time there lived a poor tailor

يو وخت هلته يو غريب خياط اوسېده

this poor tailor had a son called Aladdin

دې بې وزله خياطي يو زوی درلود چې علاء الدين نومېده

Aladdin was a careless, idle boy who did nothing

علاءالدين يو بې پروا، بې كاره هلک و چې هيڅ يې نه كاوه

although, he did like to play ball all day long

كه څه هم، هغه توله ورځ د بال لوبې كول خوښول

this he did in the streets with other little idle boys

دا يې د نورو كوچنيو بې كاره هلكانو سره په كوڅو كې وكړل

This so grieved the father that he died

دې كار پلار دومره غمجن كړ چې مړ شو

his mother cried and prayed, but nothing helped

مور يې ژړل او دعا يې وكړه، خو هيڅ مرسته يې ونه كړه

despite her pleading, Aladdin did not mend his ways

د هغې د غوښتنې سره سره، علاالدين خپله لاره سمه نه كړه.

One day, Aladdin was playing in the streets, as usual

يوه ورځ علاالدين د معمول په څير په كوڅو كې لوبې كولې

a stranger asked him his age

يو اجنبی د هغه د عمر پوښتنه وكړه

and he asked him, "are you not the son of Mustapha the tailor?"

هغه ترې وپوښتل: ايا ته د مصطفی خياط زوی نه يې؟

"I am the son of Mustapha, sir," replied Aladdin

علاءالدين ځواب وركړ: زه د مصطفی زوی يم

"but he died a long time ago"

"مگر هغه دير وخت مخكې مړ شو"

the stranger was a famous African magician

اجنبی يو مشهور افريقايي جادوگر و

and he fell on his neck and kissed him

هغه په غاړه باندې ولوېد او ښكل يې كړ

"I am your uncle," said the magician

جادوگر وويل: زه ستا تره يم

"I knew you from your likeness to my brother"

"زه تاسو د خپل ورور په څير پيژنم"

"Go to your mother and tell her I am coming"

"خپلي مور ته لاړ شه او ورته ووايه چې زه راځم"
Aladdin ran home and told his mother of his newly found uncle
علاءالدين كورته ورغی او خپلې مور ته يې د خپل نوي موندل شوي تره خبر ورکړ
"Indeed, child," she said, "your father had a brother"
هغې وويل: "ريښتيا، ماشوم،" هغې وويل، "ستا پلار يو ورور درلود"
"but I always thought he was dead"
"مگر ما تل فکر کاوه چې هغه مړ دی"
However, she prepared supper for the visitor
په هرصورت، هغې د ليدونكي لپاره ډوډۍ چمتو کړه
and she bade Aladdin to seek his uncle
او علاء الدين ته يې امر وکړ چې د خپل تره په لټه کې شي
Aladdin's uncle came laden with wine and fruit
د علاءالدين تره له شرابو او ميوو ډک راغی
He fell down and kissed the place where Mustapha used to sit
هغه ښکته شو او هغه ځای يې ښکل کړ چې مصطفی پکې ناست و
and he bid Aladdin's mother not to be surprised
او د علاءالدين مور ته يې وويل چې حيرانه نه شي
he explained he had been out of the country for forty years
هغه څرگنده کړه چې هغه د څلويښتو کلونو لپاره له هيواد څخه بهر دی
He then turned to Aladdin and asked him his trade
بيا علاالدين ته مخ شو او د هغه څخه يې د سوداگرۍ غوښتنه وکړه
but the boy hung his head in shame
خو هلک له شرمه سر ځوړند کړ
and his mother burst into tears
او د هغه مور اوښکې تويې کړې
so Aladdin's uncle offered to provide food
نو د علاءالدين تره يې د خوراک وړانديز وکړ
The next day he bought Aladdin a fine set of clothes
بله ورځ يې علاء الدين ته د جامو يوه ښه جوړه کړه
and he took him all over the city
او هغه يې په ټول ښار کې ونيول
he showed him the sights of the city
هغه ورته د ښار ليدونه وښودل

at nightfall he brought him home to his mother

په شپه کې هغه هغه د خپلې مور کور ته راوړو

his mother was overjoyed to see her son so well dressed

د هغه مور د خپل زوی په ليدلو ډيره خوشحاله وه چې ښه جامې يې اغوستې وې

The next day the magician led Aladdin into some beautiful gardens

بله ورځ جادوګر علاءالدين ځو ښايسته باغونو ته بوت

this was a long way outside the city gates

دا د ښار د دروازو څخه بهر اوږده لاره وه

They sat down by a fountain

دوی د يوې چشمې سره ناست وو

and the magician pulled a cake from his girdle

او جادوګر له خپلې ګېډې څخه کيک راوايستل

he divided the cake between the two of them

هغه کيک د دوی دواړو ترمنځ وويشل

Then they journeyed onward till they almost reached the mountains

بيا دوی په لاره لاړل تر هغه چې دوی نږدې غرونو ته ورسيدل

Aladdin was so tired that he begged to go back

علاءالدين دومره ستړی شو چې بيرته لاړ شي

but the magician beguiled him with pleasant stories

خو جادوګر هغه په خوندورو کيسو وغولوله

and he led him on in spite of his laziness

او هغه د هغه د سستۍ سره سره هغه رهبري کړ

At last they came to two mountains

په پای کې دوی دوو غرونو ته ورسېدل

the two mountains were divided by a narrow valley

دوه غرونه د يوې تنګ دره سره وويشل شول

"We will go no farther," said the false uncle

دروغجن کاکا وويل: "موږ به نور نه ځو."

"I will show you something wonderful"

"زه به تاسو ته يو څه په زړه پوري وښيم"

"gather up sticks, while I kindle a fire"

"لاکونه راټول کړئ، پداسې حال کې چې زه اور سوځوم"

When the fire was lit the magician threw a powder on it

کله چې اور ولګېد، جادوګر یو پوډر پرې وغورځاوه
and he said some magical words
او هغه یو څه جادویی تکي وویل
The earth trembled a little and opened in front of them
ځمکه یو څه لړزه شوه او د دوی په مخ خلاصه شوه
a square flat stone revealed itself
یو مربع فلیټ ډبره پخپله ښکاره شوه
and in the middle of the stone was a brass ring
او د تیږو په مینځ کې د پیتل حلقه وه
Aladdin tried to run away
علاء الدین د تیښتې هڅه وکړه
but the magician caught him
مګر جادوګر هغه ونیول
and gave him a blow that knocked him down
او هغه ته یې یو ګوزار ورکړ چې هغه یې ټیټ کړ
"What have I done, uncle?" he said, piteously
"ما څه وکړل، کاکا؟" هغه په خواشینی سره وویل
the magician said more kindly, "Fear nothing, but obey me"
جادوګر په ډیر مهربانۍ سره وویل: "له هیڅ شی نه ډارېږه، مګر زما اطاعت وکړه."
"Beneath this stone lies a treasure which is to be yours"
"د دې ډبرې لاندې یوه خزانه ده چې ستاسو وي"
"and no one else may touch this treasure"
"او بل څوک به دې خزانې ته لاس ور نه کړي"
"so you must do exactly as I tell you"
"نو تاسو باید هغه څه وکړئ لکه څنګه چې زه تاسو ته وایم"
At the mention of treasure Aladdin forgot his fears
د خزانې په یادولو سره علاالدین خپله وېره هېره کړه
he grasped the ring as he was told
لکه څنګه چې ورته ویل شوي وو، هغه حلقه ونیوله
and he said the names of his father and grandfather
او د خپل پلار او نیکه نومونه یې وویل
The stone came up quite easily
ډبره په اسانۍ سره پورته شوه
and some steps appeared in front of them
او ځینې ګامونه د دوی په وړاندې ښکاره شول

"Go down," said the magician

جادوگر وویل: "لاندې لاړ شه."

"at the foot of those steps you will find an open door"

"د دې ګامونو په پښو کې به تاسو خلاص دروازه ومومئ"

"the door leads into three large halls"

"دروازه درې لوی تالار ته ځي"

"Tuck up your gown and go through the halls"

"خپل جامې پورته کړئ او د تالارونو له لارې لاړ شئ"

"make sure not to touch anything"

"داده کړئ چې هیڅ شی ته لاس مه ورکوئ"

"if you touch anything, you will instantly die"

"که تاسو کوم شی ته لاس ورکړئ، تاسو به سمدستي مړ شئ"

"These halls lead into a garden of fine fruit trees"

"دا تالارونه د ښو میوو ونو باغ ته ځي"

"Walk on until you reach a gap in the terrace"

"تر هغه پورې ولاړ شه چې تاسو په چت کې تشې ته ورسیږئ"

"there you will see a lighted lamp"

"هلته به تاسو یو روښانه څراغ وګورئ"

"Pour out the oil of the lamp"

"د څراغ تېل وخورئ"

"and then bring me the lamp"

"او بیا ماته څراغ راوړه"

He drew a ring from his finger and gave it to Aladdin

له خپلې ګوتې یې یوه حلقه راوویستله او علاء الدین ته یې ورکړه

and he bid him to prosper

او هغه ورته د سوکالۍ غوښتنه وکړه

Aladdin found everything as the magician had said

علاءالدین هر څه وموندل لکه څنګه چې جادوګر ویلي وو

he gathered some fruit off the trees

هغه د ونو څخه یو څه میوه راټوله کړه

and, having got the lamp, he arrived at the mouth of the cave

او د څراغ په ترلاسه کولو سره هغه د غار خولې ته ورسید

The magician cried out in a great hurry

جادوګر په ډیره بیړه چیغې وکړه

"Make haste and give me the lamp"

"بیړه وکړه او ما ته څراغ راکړه"

Aladdin refused to do this until he was out of the cave
علاء الدین د دې کار څخه انکار وکړ تر څو چې هغه له غار څخه نه و وتلی
The magician flew into a terrible rage
جادوګر په سخته غوسه روان شو
he threw some more powder on to the fire
هغه یو څه نور پوډر اور ته واچاوه
and then he cast another magic spell
او بیا یې یو بل جادو منتر واچاوه
and the stone rolled back into its place
او ډبره بیرته خپل ځای ته رابنکته شوه
The magician left Persia for ever
جادوګر د تل لپاره فارس پرینبود
this plainly showed that he was no uncle of Aladdin's
دا په ښکاره توګه وښودله چې هغه د علاءالدین تره نه و
what he really was was a cunning magician
هغه څه چې هغه واقعیا یو چالاک جادوګر و
a magician who had read of a magic lamp
یو جادوګر چې د جادو څراغ یې لوستلی و
a magic lamp which would make him the most powerful man in the world
یو جادویی څراغ چې هغه به په نړۍ کې ترټولو پیاوړی سړی کړي
but he alone knew where to find the magic lamp
مګر هغه یوازې پوهیده چې د جادو څراغ چیرته ومومي
and he could only receive the magic lamp from the hand of another
او هغه کولی شي یوازې د بل لاس څخه د جادو څراغ ترلاسه کړي
He had picked out the foolish Aladdin for this purpose
هغه احمق علاءالدین د دې کار لپاره غوره کړی و
he had intended to get the magical lamp and kill him afterwards
هغه اراده درلوده چې جادویی څراغ ترلاسه کړي او وروسته یې ووژني
For two days Aladdin remained in the dark
دوه ورځې علاالدین په تیاره کې پاتې شو
he cried and lamented his situation
هغه ژړل او خپل حالت یې خواشینی کړ
At last he clasped his hands in prayer

بالاخره يې په دعا لاسونه لپه کړل
and in so doing he rubbed the ring
او په دې کولو سره هغه حلقه مسح کړه
the magician had forgotten to take the ring back from him
جادوګر له هغه څخه د حلقې بیرته اخیستل هیر کړی و
Immediately an enormous and frightful genie rose out of the earth
سمدلاسه د ځمکې څخه یو لوی او ویرونکی جنین راپورته شو
"What would thou have me do?"
"تاسو به زه څه وکړم؟"
"I am the Slave of the Ring"
"زه د حلقې غلام یم"
"and I will obey thee in all things"
"او زه به په ټولو شیانو کې ستا اطاعت وکړم"
Aladdin fearlessly replied: "Deliver me from this place!"
علاءالدین په ویره سره ځواب ورکړ: ما له دې ځای څخه وژغوره!
and the earth opened above him
او ځمکه د هغه پورته خلاصه شوه
and he found himself outside
او هغه ځان بهر وموند
As soon as his eyes could bear the light he went home
کله چې د هغه سترګې رڼا شي، هغه کور ته لاړ
but he fainted when he got there
خو کله چې هغه هلته ورسېد، بې هوښه شو
When he came to himself he told his mother what had happened
کله چې هغه ځان ته راغی مور ته یې وویل چې څه پیښ شوي
and he showed her the lamp
او هغې هغې ته څراغ وښود
and he showed her the fruits he had gathered in the garden
او هغې هغې ته هغه میوې وښودلې چې په باغ کې یې راټولې کړې وې
the fruits were, in reality, precious stones
میوه په حقیقت کې قیمتي ډبرې وې
He then asked for some food
بیا یې د خوراک غوښتنه وکړه
"Alas! child," she said

"افاسه! ماشومه،" هغې وويل
"I have no food in the house"
"زه په کور کې خواړه نه لرم"
"but I have spun a little cotton"
"مګر ما لږ پنبه وهلې ده"
"and I will go and sell the cotton"
"او زه به لاړ شم او پنبه وپلورم"
Aladdin bade her keep her cotton
علاءالدین ورته وویل چې پنبه دې وساته
he told her he would sell the magic lamp instead of the cotton
هغه ورته وویل چې هغه به د پنبې پر ځای د جادو څراغ وپلوري
As it was very dirty she began to rub the magic lamp
لکه څنګه چې دا ډېره ناپاکه وه هغې د جادو څراغ په مینځلو پیل وکړ
a clean magic lamp might fetch a higher price
یو پاک جادو څراغ ممکن لوړ قیمت ترلاسه کړي
Instantly a hideous genie appeared
ناڅاپه یو پټ جنین ښکاره شو
he asked what she would like to have
هغه وپوښتل چې هغه څه غواړي
at the sight of the genie she fainted
د جینی په لیدو هغه بې هوښه شوه
but Aladdin, snatching the magic lamp, said boldly:
خو علاءالدین د جادو څراغ په لاس کې واخیست او په زړورتیا یې وویل:
"Fetch me something to eat!"
"ما ته د خوړلو لپاره یو څه راوړه!"
The genie returned with a silver bowl
جینی د سپینو زرو کڅوره سره بیرته راستانه شوه
he had twelve silver plates containing rich meats
هغه دولس د سپینو زرو تختې درلودې چې بدایه غوښې پکې وې
and he had two silver cups and two bottles of wine
د هغه سره دوه د سپینو زرو پیالې او دوه بوتله شراب وو
Aladdin's mother, when she came to herself, said:
د علاءالدین مور چې کله ځان ته راغله وویل:
"Whence comes this splendid feast?"
"دا په زړه پورې میله له کومه راځي؟"

"Ask not where this food came from, but eat, mother," replied Aladdin

علاء الدین ځواب ورکړ: "پوښتنه مه کوه چې دا خواړه له کوم ځای څخه راغلي، مګر وخورئ، مورې."

So they sat at breakfast till it was dinner-time

نو دوی په سهارنی کې ناست وو تر هغه چې د دوډۍ وخت و

and Aladdin told his mother about the magic lamp

او علاء الدین خپلې مور ته د جادو څراغ په اړه وویل

She begged him to sell the magic lamp

هغې ترې وغوښتل چې د جادو څراغ وپلوري

"let us have nothing to do with devils"

"راځئ چې د شیطانانو سره هیڅ تړاو ونلرو"

but Aladdin had thought it would be wiser to use the magic lamp

خو علاءالدین فکر کاوه چې د جادو څراغ کارول به ښه وي

"chance hath made us aware of the magic lamp's virtues"

"موقع موږ د جادو څراغ له فضیلتونو خبر کړل"

"we will use the magic lamp, and we will use the ring"

"موږ به د جادو څراغ وکاروو، او موږ به حلقه وکاروو"

"I shall always wear the ring on my finger"

"زه به تل په ګوتو کې حلقه واغوندم"

When they had eaten all the genie had brought, Aladdin sold one of the silver plates

کله چې دوی ټول راوړل شوي جنین وخوړل، علاء الدین د سپینو زرو یوه تخته وپلورله

and when he needed money again he sold the next plate

او کله چې هغه بیا پیسو ته اړتیا درلوده هغه بل پلیټ وپلورل

he did this until no plates were left

هغه دا کار وکړ تر هغه چې هیڅ پلیټ پاتې نه وي

He then made another wish to the genie

بیا یې جینی ته بله هیله وکړه

and the genie gave him another set of plates

او جینی هغه ته د پلیټونو بله سیټ ورکړ

and in this way they lived for many years

او په دې توګه دوی د ډیرو کلونو لپاره ژوند کاوه

One day Aladdin heard an order from the Sultan

یوه ورځ علاء الدين د سلطان څخه يو حکم واورید
everyone was to stay at home and close their shutters
هرڅوک باید په کور کې پاتې شي او خپل بندونه وتړي
the Princess was going to and from her bath
شهزادګۍ خپل حمام ته روانه وه
Aladdin was seized by a desire to see her face
علاءالدين د هغې د مخ د لیدلو په هیله نیولی و
although it was very difficult to see her face
که څه هم د هغې د مخ لیدل خورا ستونزمن وو
because everywhere she went she wore a veil
ځکه هرچیرې چې لاړه نو حجاب یې اغوستی و
He hid himself behind the door of the bath
هغه ځان د حمام د دروازې شاته پټ کړ
and he peeped through a chink in the door
او هغه په دروازه کې د یوې چنګک له لارې وکتل
The Princess lifted her veil as she went in to the bath
شهزادګۍ حمام ته د ننوتو پرده پورته کړه
and she looked so beautiful that Aladdin instantly fell in love with her
او هغه دومره ښکلې ښکارېده چې علاءالدين سمدلاسه د هغې سره مینه وکړه
He went home so changed that his mother was frightened
هغه کور ته لاړ دومره بدل شو چې مور یې ویره وه
He told her he loved the Princess so deeply that he could not live without her
هغه ورته وویل چې هغه د شهزادګۍ سره دومره ژوره مینه لري چې پرته له هغې ژوند نشي کولی
and he wanted to ask her in marriage of her father
او هغه غوښتل چې د هغې د پلار په واده کې پوښتنه وکړي
His mother, on hearing this, burst out laughing
مور یې دا خبره په اورېدو سره په خندا شوه
but Aladdin finally convinced her to go to the Sultan
خو علاءالدين بالاخره هغه قانع کړه چې سلطان ته لاړه شي
and she was going to carry his request
او هغه به د هغه غوښتنه ترسره کړي
She fetched a napkin and laid in it the magic fruits

هغې یو رومال راوړ او د جادو میوې یې کې‌ښودلې
the magic fruits from the enchanted garden
د جادو شوي باغ څخه جادو میوه
the fruits sparkled and shone like the most beautiful jewels
میوه د خورا ښکلي ګانو په څیر روښانه او روښانه شوه
She took the magic fruits with her to please the Sultan
هغې د سلطان د خوشالولو لپاره د جادو میوه له ځانه سره بوتله
and she set out, trusting in the lamp
او هغه په څراغ باور درلود، لاړه
The Grand Vizier and the lords of council had just gone into the palace
لوی وزیر او د شورا مشران یوازې ماڼۍ ته تللي وو
and she placed herself in front of the Sultan
هغې ځان د سلطان مخې ته کېښود
He, however, took no notice of her
په هرصورت، هغه د هغې پام نه دی کړی
She went every day for a week
هغه هره ورځ د یوې اونۍ لپاره لاړه
and she stood in the same place
او هغه په هماغه ځای ولاړه وه
When the council broke up on the sixth day the Sultan said to his Vizier:
کله چې شورا په شپږمه ورځ جوړه شوه، سلطان خپل وزیر ته وویل:
"I see a certain woman in the audience-chamber every day"
"زه هره ورځ د لیدونکو په خونه کې یوه ځانګړې ښځه ګورم"
"she is always carrying something in a napkin"
"هغه تل په رومال کې یو څه وړي"
"Call her to come to us, next time"
"هغې ته زنګ ووهئ چې بل ځل موږ ته راشي"
"so that I may find out what she wants"
"تر څو زه پوه شم چې هغه څه غواړي"
Next day the Vizier gave her a sign
بله ورځ وزیر هغې ته یوه نښه ورکړه
she went up to the foot of the throne
هغه د تخت پښو ته لاړه
and she remained kneeling till the Sultan spoke to her

او تر هغه وخته پورې په زنګون ولاړه وه چې سلطان ورسره خبرې وکړې

"Rise, good woman, tell me what you want"

"پاڅېږه، ښه ښځه، ما ته ووايه چې څه غواړې"

She hesitated, so the Sultan sent away all but the Vizier

هغې په زنګ وهلې، نو سلطان له وزير پرته نور ټول ولېږل

and he bade her to speak frankly

او هغې ته يې وويل چې په روښانه توګه خبرې وکړي

and he promised to forgive her for anything she might say

او هغه ژمنه وکړه چې هغې ته به د هر هغه څه لپاره بخښنه وکړي چې هغه يې ووايي

She then told him of her son's great love for the Princess

هغې بيا هغه ته د خپل زوی د شهزادګۍ سره د لويې مينې په اړه وويل

"I prayed for him to forget her," she said

هغې وويل: "ما د هغه لپاره دعا وکړه چې هغه هير کړي."

"but my prayers were in vain"

"مګر زما دعا بې ځايه وه"

"he threatened to do some desperate deed if I refused to go"

"هغه ګواښ وکړ چې که زه له تګ څخه انکار وکړم نو يو ناوړه عمل به وکړي"

"and so I ask your Majesty for the hand of the Princess"

"او له همدې امله زه ستاسو د شهزادګۍ د لاس غوښتنه کوم"

"but now I pray you to forgive me"

"مګر اوس زه تاسو ته دعا کوم چې ما ته بښنه وکړي"

"and I pray that you forgive my son Aladdin"

"او زه دعا کوم چې ته زما زوی علاالدين وبښي"

The Sultan asked her kindly what she had in the napkin

سلطان په مهربانۍ سره ترې وپوښتل چې په رومال کې دې څه دي؟

so she unfolded the napkin

نو هغې رومال خلاص کړ

and she presented the jewels to the Sultan

او هغه ګاڼې سلطان ته وړاندې کړې

He was thunderstruck by the beauty of the jewels

هغه د جواهراتو د ښکلا له امله غلی شو

and he turned to the Vizier and asked, "What sayest thou?"

وزير ته مخ شو او ويې پوښتل: ته څه وايې؟

"Ought I not to bestow the Princess on one who values her at such a price?"

"ايا زه شهزادګی هغه چا ته نه ورکوم چې په دومره قيمت يې ارزښت لري؟"

The Vizier wanted her for his own son

وزير هغه د خپل زوی لپاره غوښتل

so he begged the Sultan to withhold her for three months

نو له سلطان څخه يې وغوښتل چې د دريو مياشتو لپاره دې بنده کړي

perhaps within the time his son would contrive to make a richer present

ښايي د وخت په تيريدو سره د هغه زوی هڅه وکړي چې يو بډايه ډالۍ جوړه کړي

The Sultan granted the wish of his Vizier

سلطان د خپل وزير غوښتنه ومنله

and he told Aladdin's mother that he consented to the marriage

او د علاءالدين مور ته يې وويل چې هغه واده ته راضي دی

but she was not allowed appear before him again for three months

خو هغې ته اجازه ورنکړل شوه چې درې مياشتې بيا د هغه په وړاندې حاضر شي

Aladdin waited patiently for nearly three months

علاء الدين نږدې درې مياشتې په صبر سره انتظار وکړ

after two months had elapsed his mother went to go to the market

دوه مياشتې تېرې شوې، مور يې بازار ته لاړه

she was going into the city to buy oil

هغه ښار ته تللې وه چې تيل واخلي

when she got to the market she found every one rejoicing

کله چې هغه بازار ته راغله، هغې وليدل چې هرڅوک خوشحاله وو

so she asked what was going on

نو هغې وپوښتل چې څه تيرېږي

"Do you not know?" was the answer

"ايا تاسو نه پوهيږئ؟" ځواب وو

"the son of the Grand Vizier is to marry the Sultan's daughter tonight"

"د لوی وزير زوی به نن شپه د سلطان له لور سره واده وکړي"

Breathless, she ran and told Aladdin

بې ساه یې منډه کړه او علاء الدین ته یې وویل

at first Aladdin was overwhelmed

په لومړي سر کې علاءالدین ډیر خفه شو

but then he thought of the magic lamp and rubbed it

مګر بیا یې د جادو څراغ په اړه فکر وکړ او هغه یې مسح کړ

once again the genie appeared out of the lamp

یو ځل بیا جین د څراغ څخه څرګند شو

"What is thy will?" asked the genie

"ستا اراده څه ده؟" جینی وپوښتل

"The Sultan, as thou knowest, has broken his promise to me"

"سلطان لکه څنګه چې تاسو پوهیږئ، زما سره خپله ژمنه مات کړې ده"

"the Vizier's son is to have the Princess"

"د وزیر زوی باید شهزادګۍ ولري"

"My command is that tonight you bring the bride and bridegroom"

"زما امر دا دی چې نن شپه ناوې او ناوې راوړئ"

"Master, I obey," said the genie

جین وویل: "ماسټر، زه اطاعت کوم."

Aladdin then went to his chamber

علاء الدین بیا خپلې کوټې ته لاړ

sure enough, at midnight the genie transported a bed

یقینا، په نیمه شپه جین یو بستر انتقال کړ

and the bed contained the Vizier's son and the Princess

او په بستر کې د وزیر زوی او شهزادګۍ وه

"Take this new-married man, genie," he said

هغه وویل: "دا نوی واده شوی سړی واخله، جینی."

"put him outside in the cold for the night"

"هغه د شپې لپاره په سړه هوا کې بهر کېږده"

"then return the couple again at daybreak"

"بیا د سهار په وخت کې جوړه بیرته راستانه کړئ"

So the genie took the Vizier's son out of bed

نو جینی د وزیر زوی له بستره راوویست

and he left Aladdin with the Princess

او علاالدین له شهزادګۍ سره لاړ

"Fear nothing," Aladdin said to her, "you are my wife"

علاءالدين ورته وويل: "له هيڅ شی نه داريږه،" ته زما ميرمن يې.
"you were promised to me by your unjust father"
"تاسو زما سره ستا د ظالم پلار وعده کړې وه"
"and no harm shall come to you"
"او تاسو ته به هيڅ زيان ونه رسيږي"
The Princess was too frightened to speak
شهزادګی د خبرو کولو څخه ډيره ويره درلوده
and she passed the most miserable night of her life
او هغې د خپل ژوند تر ټولو بده شپه تيره کړه
although Aladdin lay down beside her and slept soundly
که څه هم علاءالدين د هغې تر څنګ پروت و او په ارامه ويده شو
At the appointed hour the genie fetched in the shivering bridegroom
په ټاکلي وخت کې جينی په ژړا ناوې راوغوښته
he laid him in his place
هغه يې په خپل ځای کېښود
and he transported the bed back to the palace
او هغه بستر بيرته مانۍ ته انتقال کړ
Presently the Sultan came to wish his daughter good-morning
همدا مهال سلطان د خپلې لور د ښه راغلاست لپاره راغی
The unhappy Vizier's son jumped up and hid himself
د وزير زوی ناخوښه پورته شو او ځان يې پټ کړ
and the Princess would not say a word
او شهزادګی به يوه کلمه ونه ويل
and she was very sorrowful
او هغه ډيره غمجنه وه
The Sultan sent her mother to her
سلطان خپله مور هغې ته ولیږله
"Why will you not speak to your father, child?"
"تاسو ولې له خپل پلار سره خبرې نه کوئ، ماشوم؟"
"What has happened?" she asked
"څه شوي دي؟" هغې وپوښتل
The Princess sighed deeply
شهزادګی ژوره ساه واخيسته
and at last she told her mother what had happened

او په پای کې هغې خپلې مور ته وویل چې څه پیښ شوي
she told her how the bed had been carried into some strange house
هغې ورته وویل چې بستره څنګه یو عجیب کور ته وړل شوې وه
and she told of what had happened in the house
او هغې ته یې وویل چې په کور کې څه پیښ شوي
Her mother did not believe her in the least
د هغې مور لږ تر لږه باور نه درلود
and she bade her to consider it an idle dream
او هغې ته یې وویل چې دا یو بې کاره خوب وګڼي
The following night exactly the same thing happened
بله شپه هم همداسې وشول
and the next morning the princess wouldn't speak either
او بل سهار شهزادګۍ هم خبرې ونه کړې
on the Princess's refusal to speak, the Sultan threatened to cut off her head
د شهزادګۍ له خبرو نه انکار، سلطان ګواښ وکړ چې سر به یې پرې کړي
She then confessed all that had happened
هغې بیا هغه ټول اعتراف وکړ چې پیښ شوي وو
and she bid him to ask the Vizier's son
هغې ورته وویل چې د وزیر زوی پوښتنه وکړي
The Sultan told the Vizier to ask his son
سلطان وزیر ته وویل چې د خپل زوی پوښتنه وکړه
and the Vizier's son told the truth
او د وزیر زوی رښتیا وویل
he added that he dearly loved the Princess
هغه زیاته کړه چې هغه د شهزادګۍ سره ډیره مینه لري
"but I would rather die than go through another such fearful night"
"مګر زه به د یوې بلې ډارونکې شپې په پرتله مړ شم"
and he wished to be separated from her, which was granted
او هغه غوښتل چې له هغې څخه جلا شي، کوم چې ورکړل شو
and then there was an end to the feasting and rejoicing
او بیا د میلمستیا او خوښۍ پای ته ورسیده
then the three months were over
بیا درې میاشتې تېرې شوې
Aladdin sent his mother to remind the Sultan of his promise

علاء الدين خپله مور ولیږله چې سلطان ته خپله وعده ورپه برخه کړي
She stood in the same place as before
هغه د پخوا په شان ولاړه وه
the Sultan had forgotten Aladdin
سلطان علاء الدين هير کړی و
but at once he remembered him again
خو يو ځل بيا هغه ياد شو
and he asked for her to come to him
او هغه د هغې څخه وغوښتل چې هغه ته راشي
On seeing her poverty the Sultan felt less inclined than ever to keep his word
سلطان د هغې د بې وزلۍ په ليدلو سره د خپلې خبرې ساتلو ته د پخوا په پرتله لږ ليوالتيا احساس کړه
and he asked his Vizier's advice
او هغه د خپل وزير مشوره وغوښته
he counselled him to set a high value on the Princess
هغه ورته مشوره ورکړه چې شهزادګۍ ته لوړ ارزښت وټاکي
a price so high that no man alive could come afford her
قيمت دومره لوړ دی چې هيڅ ژوندی سړی يې نشي اخيستلی
The Sultan then turned to Aladdin's mother, saying:
سلطان بيا د علاءالدين مور ته مخ کړ او ويې ويل:
"Good woman, a Sultan must remember his promises"
"ښه ښځه، سلطان بايد خپلې ژمنې په ياد ولري"
"and I will remember my promise"
"او زه به خپله وعده په ياد ولرم"
"but your son must first send me forty basins of gold"
"مگر ستا زوی بايد لومړی ماته د سرو زرو څلويښت ډنډونه راوليږه"
"and the gold basins must be full of jewels"
"او د سرو زرو ډنډونه بايد له ګانو ډک وي"
"and they must be carried by forty black camels"
"او دوی بايد د څلويښت تور اوښانو لخوا وړل شي"
"and in front of each black camel there is to be a white camel"
"او د هر تور اوښ په وړاندې بايد يو سپين اوښ وي"
"and all the camels are to be splendidly dressed"
"او ټول اوښان دې په زړه پورې جامې واغوندي"

"Tell him that I await his answer"

"هغه ته ووایه چې زه د هغه ځواب ته انتظار یم"

The mother of Aladdin bowed low

د علاءالدین مور بنکته شوه

and then she went home

او بیا هغه کور ته لاړه

although she thought all was lost

که څه هم هغې فکر کاوه چې ټول ورک شوي دي

She gave Aladdin the message

هغې علاء الدین ته پیغام ورکړ

and she added, "He may wait long enough for your answer!"

او هغې زیاته کړه، "هغه ممکن ستاسو ځواب ته ډیر انتظار وکړي!"

"Not so long as you think, mother," her son replied

د هغې زوی ځواب ورکړ: "څومره چې تاسو فکر کوئ، مور،"

"I would do a great deal more than that for the Princess"

"زه به د شهزادګۍ لپاره له دې څخه ډیر څه وکړم"

and he summoned the genie again

او هغه جینی بیا راوغوښته

and in a few moments the eighty camels arrived

او په څو شېبو کې اتیا اوښان راغلل

and they took up all space in the small house and garden

او دوی په کوچني کور او باغ کې ټول ځای ونیول

Aladdin made the camels set out to the palace

علاء الدین اوښان د ماڼۍ په لور روان کړل

and the camels were followed by his mother

او اوښان د هغه د مور لخوا تعقیب شول

The camels were very richly dressed

اوښانو ډېر مالداره جامې اغوستې وې

and splendid jewels were on the girdles of the camels

او د اوښانو په کمربندونو کې ښایسته ګاڼې وې

and everyone crowded around to see the camels

او هرڅوک د اوښانو د لیدو لپاره شاوخوا راټول شول

and they saw the basins of gold the camels carried on their backs

او هغوئ د سرو زرو ډندونه ولیدل چې اوښان یې په خپلو شا باندې وړل

They entered the palace of the Sultan

دوی د سلطان مانی ته ننوتل
and the camels kneeled before him in a semi circle
او اوښانو په نیمه دایره کې د هغه په وړاندې زنګون وکړ
and Aladdin's mother presented the camels to the Sultan
او د علاءالدین مور اوښان سلطان ته وړاندې کړل
He hesitated no longer, but said:
هغه نور څه ونه ویل، خو ویې ویل:
"Good woman, return to your son"
"ښه ښځه، بیرته خپل زوی ته"
"tell him that I wait for him with open arms"
"هغه ته ووایه چې زه په خلاص لاس د هغه انتظار کوم"
She lost no time in telling Aladdin
هغې د علاءالدین په ویلو کې هیڅ وخت ضایع نه کړ
and she bid him to make haste
او هغې ورته وویل چې بیړه وکړي
But Aladdin first called for the genie
خو علاءالدین لومړی جین ته وغوښتل
"I want a scented bath," he said
هغه وویل: "زه یو بوی شوی حمام غواړم."
"and I want a horse more beautiful than the Sultan's"
"او زه د سلطان څخه ډیر ښکلی آس غواړم"
"and I want twenty servants to attend to me"
"او زه غواړم شل نوکران زما لپاره حاضر شي"
"and I also want six beautifully dressed servants to wait on my mother"
"او زه هم غواړم شپږ ښکلي جامې اغوستي نوکران زما مور ته انتظار وکړي"
"and lastly, I want ten thousand pieces of gold in ten purses"
"او په نهایت کې، زه په لسو کڅوړو کې لس زره قلمه سرو زرو غواړم"
No sooner had he said what he wanted and it was done
ډیر ژر یې نه وو ویلي چې هغه څه غواړي او دا کار وشو
Aladdin mounted his beautiful horse
علاءالدین په خپل ښکلي آس سپاره شو
and he passed through the streets
او هغه په کوڅو کې تیر شو
the servants cast gold into the crowd as they went

نوکرانو د تګ په وخت کې سره زر په خلکو کې واچول
Those who had played with him in his childhood knew him not
هغه چا چې په ماشومتوب کې ورسره لوبې کولې هغه نه پيژني
he had grown very handsome
هغه ډیر ښکلی وده کړې وه
When the Sultan saw him he came down from his throne
کله چې سلطان هغه ولید نو له تخت څخه ښکته شو
he embraced his new son-in-law with open arms
هغه خپل نوی زوم په خلاصو لاسونو غیږ وکړ
and he led him into a hall where a feast was spread
او هغه يې يو تالار ته بوتلو چيرې چې ميله خپره شوې وه
he intended to marry him to the Princess that very day
هغه په هماغه ورځ د شهزادګۍ سره د واده کولو اراده وکړه
But Aladdin refused to marry straight away
خو علاءالدين سمدستي له واده کولو څخه انکار وکړ
"first I must build a palace fit for the princess"
"لومړی باید د شهزادګۍ لپاره مناسبه مانۍ جوړه کړم"
and then he took his leave
او بيا يې رخصت واخيست
Once home, he said to the genie:
کله چې کور ته راغی، جينی ته يې وويل:
"Build me a palace of the finest marble"
"ما ته د غوره مرمر يوه مانۍ جوړه کړه"
"set the palace with jasper, agate, and other precious stones"
"مانۍ د يشب، عقيق او نورو قيمتي ډبرو سره جوړ کړئ"
"In the middle of the palace you shall build me a large hall with a dome"
"د مانۍ په مينځ کې به تاسو زما لپاره د ګنبد سره يو لوی تالار جوړ کړئ"
"the four walls of the hall will be of masses of gold and silver"
"د تالار څلور ديوالونه به د سرو زرو او سپينو زرو څخه وي"
"and each wall will have six windows"
"او هر ديوال به شپږ کړکۍ ولري"
"and the lattices of the windows will be set with precious jewels"

"او د کړکيو جالونه به د قيمتي ګانو سره تنظيم شي"
"but there must be one window that is not decorated"
"مګر دلته بايد يوه کړکی وي چې سينګار شوی نه وي"
"go see that it gets done!"
"لاړ شئ وګورئ چې دا ترسره کيږي!"
The palace was finished by the next day
مانی بله ورځ پای ته ورسيده
the genie carried him to the new palace
جينی هغه نوې مانۍ ته بوتله
and he showed him how all his orders had been faithfully carried out
او هغه ورته وښودله چې څنګه د هغه ټول امرونه په وفاداری سره ترسره شوي
even a velvet carpet had been laid from Aladdin's palace to the Sultan's
حتی د علاءالدين له مانۍ څخه تر سلطان پورې يوه مخمل غالی هم اېښودل شوې وه
Aladdin's mother then dressed herself carefully
د علاءالدين مور بيا په ډير احتياط سره جامې واغوستې
and she walked to the palace with her servants
هغه له خپلو نوکرانو سره مانۍ ته ولاړه
and Aladdin followed her on horseback
او علاءالدين په آس پسې روان شو
The Sultan sent musicians with trumpets and cymbals to meet them
سلطان د هغوی سره د ليدو لپاره موسيقاران د ترنم او زنجير سره ولېږل
so the air resounded with music and cheers
نو هوا د موسيقی او خوشالی سره غږيدله
She was taken to the Princess, who saluted her
هغه شهزادګی ته بوتلل شوه، چا ورته سلام وکړ
and she treated her with great honour
او هغې د هغې سره په ډير عزت سره چلند وکړ
At night the Princess said good-bye to her father
د شپې شهزادګی خپل پلار ته الوداع وويل
and she set out on the carpet for Aladdin's palace
او هغه د علاءالدين مانۍ ته په غالۍ کې ولاړه

his mother was at her side

د هغه مور د هغې خوا ته وه

and they were followed by their entourage of servants

او د دوی د نوکرانو لخوا تعقیب شول

She was charmed at the sight of Aladdin

هغه د علاءالدین په لیدو حیرانه شوه

and Aladdin ran to receive her into the palace

او علاءالدین د هغې د ترلاسه کولو لپاره مانۍ ته ورغی

"Princess," he said, "blame your beauty for my boldness"

هغه وویل، "شهزاده، زما د زړورتیا لپاره ستا ښکلا ملامت کړه."

"I hope I have not displeased you"

"زه امید لرم چې ما تاسو ناراضه نه کړي"

she said she willingly obeyed her father in this matter

هغې وویل چې هغې په خپله خوښه په دې مسله کې د خپل پلار اطاعت وکړ

because she had seen that he is handsome

ځکه چې هغې ولیدل چې هغه ښکلی دی

After the wedding had taken place Aladdin led her into the hall

وروسته له دې چې واده وشو، علاءالدین هغه د مانۍ په لور وخوځاوه

a great feast was spread out in the hall

په تالار کې یوه لویه میله خپره شوه

and she supped with him

او هغې له هغه سره ډوډۍ وخوړه

after eating they danced till midnight

له خوړلو وروسته یې تر نیمې شپې پورې نڅا کوله

The next day Aladdin invited the Sultan to see the palace

بله ورځ علاء الدین سلطان ته بلنه ورکړه چې مانۍ وګوري

they entered the hall with the four-and-twenty windows

دوی د څلور شلو کړکیو سره تالار ته ننوتل

the windows were decorated with rubies, diamonds, and emeralds

کړکۍ د یاقوت، الماس او زمرد سره سینګار شوې وې

he cried, "The palace is one of the wonders of the world!"

هغه چیغې کړې، "مانۍ د نړۍ له عجوبو څخه یوه ده!"

"There is only one thing that surprises me"

"يوازې يو شی دی چې ما حيرانوي"
"Was it by accident that one window was left unfinished?"
"ايا دا په ناڅاپي ډول وه چې يوه کړکی نيمګړې پاتې شوه؟"
"No, sir, it was done so by design," replied Aladdin
علاءالدين ځواب ورکړ: "نه، صاحب، دا د ډيزاين له مخې ترسره شوی."
"I wished your Majesty to have the glory of finishing this palace"
"زه ستاسو جلالتماب ته د دې ماڼی د بشپړولو وياړ غواړم"
The Sultan was pleased to be given this honour
سلطان په دې وياړ خوښ شو
and he sent for the best jewellers in the city
او هغه په ښار کې غوره ګاڼې راواستولې
He showed them the unfinished window
هغه دوی ته نيمګړې کړکی وښوده
and he bade them to decorate the window like the others
او هغوی ته يې امر وکړ چې د نورو په څير کړکی سينګار کړي
"Sir," replied their spokesman
"ښاغلی،" د دوی وياند ځواب ورکړ
"we cannot find enough jewels"
"موږ کافي زيورات نشو موندلی"
so the Sultan had his own jewels fetched
نو سلطان خپل زيورات راوړل
but those jewels were soon used up too
خو هغه زيورات هم ډير ژر استعمال شول
even after a month's time the work was not half done
د يوې مياشتې په تېرېدو سره هم کار نيمايي هم نه دی شوی
Aladdin knew that their task was impossible
علاء الدين پوهيده چې د دوی دنده نامکنه ده
he bade them to undo their work
هغه هغوی ته امر وکړ چې خپل کار پرېږدي
and he bade them to carry the jewels back
او هغوی ته يې امر وکړ چې زيورات بيرته واخلي
the genie finished the window at his command
جينی په خپل امر کړکی پای ته ورسوله
The Sultan was surprised to receive his jewels again
سلطان حيران شو چې خپل ګاڼې بيا ترلاسه کړي

he visited Aladdin, who showed him the finished window
هغه علاءالدین ته ورغی، چې هغه ته یې بشپړه شوې کړکۍ وښودله
and the Sultan embraced his son in law
او سلطان خپل زوم په غېږ کې ونیوه
meanwhile, the envious Vizier suspected the work of enchantment
په عین حال کې، حسد وزیر د جادو په کار شکمن شو
Aladdin had won the hearts of the people by his gentle manner
علاءالدین په خپل نرم چلند سره د خلکو زړونه گټلي وو
He was made captain of the Sultan's armies
هغه د سلطان د لښکرو مشر وټاکل شو
and he won several battles for his army
او هغه د خپل پوځ لپاره ځو جنگونه وگټل
but he remained as modest and courteous as before
خو هغه د پخوا په شان متواضع او متواضع پاتې شو
in this way he lived in peace and content for several years
په دې توگه هغه د ځو کلونو لپاره په سوله او خوښۍ کې ژوند وکړ
But far away in Africa the magician remembered Aladdin
خو لرې په افریقا کې جادوگر علاالدین یاد کړ
and by his magic arts he discovered Aladdin hadn't perished in the cave
او د خپل جادو هنر په واسطه هغه وموندله چې علاء الدین په غار کې مړ شوی نه و
but instead of perishing, he had escaped and married the princess
خو د دې پر ځای چې له منځه لاړ شي، وتښتېد او له شهزادگۍ سره یې واده وکړ
and now he was living in great honour and wealth
او اوس هغه په خورا عزت او شتمنۍ کې ژوند کاوه
He knew that the poor tailor's son could only have accomplished this by means of the magic lamp
هغه پوهیده چې د غریب خیاط زوی یوازې د جادو څراغ په وسیله دا کار کولی شي.
and he travelled night and day until he reached the city
هغه شپه او ورځ سفر وکړ تر هغه چې ښار ته ورسېد
he was bent on making sure of Aladdin's ruin

هغه د علاءالدين د بربادۍ په اړه داډ ترلاسه کولو ته ليواله و
As he passed through the town he heard people talking
کله چې هغه د ښار څخه تيريدل نو د خلکو خبرې يې واورېدې
all they could talk about was the marvellous palace
ټول هغه څه چې دوی يې په اړه خبرې کولې د عالي ماڼۍ وه
"Forgive my ignorance," he asked
هغه وپوښتل: "زما ناپوهي وبخښه."
"what is this palace you speak of?"
"دا ماڼۍ د څه شی ده؟"
"Have you not heard of Prince Aladdin's palace?" was the reply
"ايا تاسو د شهزاده علاءالدين ماڼۍ نه اوريدلي؟" ځواب وو
"the palace is one of the greatest wonders of the world"
"ماڼۍ د نړۍ له سترو عجوبو څخه ده"
"I will direct you to the palace, if you would like to see it"
"زه به تاسو ماڼۍ ته لارښوونه وکړم، که تاسو غواړئ هغه وګورئ"
The magician thanked him for bringing him to the palace
جادوګر له هغه څخه مننه وکړه چې هغه يې ماڼۍ ته راوست
and having seen the palace, he knew that it had been built by the Genie of the Lamp
او د ماڼۍ د ليدلو سره، هغه پوهيده چې دا د څراغ جينی لخوا جوړه شوې وه
this made him half mad with rage
دې کار هغه په غوسه نيم ليونی کړ
He was determined to get hold of the magic lamp
هغه هوډ درلود چې د جادو څراغ ونيسي
and he was going to plunge Aladdin into the deepest poverty again
او هغه به علاالدين يو ځل بيا په ژور فقر کې ډوب کړي
Unluckily, Aladdin had gone on a hunting trip for eight days
له بده مرغه علاء الدين اته ورځې د ښکار په سفر تللی و
this gave the magician plenty of time
دې جادوګر ته ډير وخت ورکړ
He bought a dozen copper lamps
هغه يو درجن د مسو څراغونه واخيستل
and he put the copper lamps into a basket

او د مسو څراغونه يې په يوه ټوکرۍ کې واچول
and then he went to the palace
او بيا هغه ماڼۍ ته لاړ
"New lamps for old lamps!" he exclaimed
"د زړو څراغونو لپاره نوي څراغونه!" هغه چيغې کړې
and he was followed by a jeering crowd
او د هغه په تعقيب د ټوکو خلکو لخوا تعقيب شو
The Princess was sitting in the hall of four-and-twenty windows
شهزادګۍ د څلور شلو کړکيو په تالار کې ناسته وه
she sent a servant to find out what the noise was about
هغې يو نوکر ولېږه چې معلومه کړي چې شور څه دی
the servant came back laughing so much that the Princess scolded her
نوکر دومره وخندل چې شهزادګۍ ورته وخندل
"Madam," replied the servant
نوکر ځواب ورکړ: ميرمن
"who can help but laughing when you see such a thing?"
"څوک کولی شي مرسته وکړي مګر خندل کله چې تاسو داسې شی وګورئ؟"
"an old fool is offering to exchange fine new lamps for old lamps"
"يو زوړ احمق وړانديز کوي چې د زړو څراغونو لپاره ښه نوي څراغونه بدل کړي"
Another servant, hearing this, spoke up
بل نوکر چې دا خبرې واورېدې، خبرې وکړې
"There is an old lamp on the cornice which he can have"
"په کونج کې يو زوړ څراغ دی چې هغه کولی شي"
this, of course, was the magic lamp
دا، البته، د جادو څراغ و
Aladdin had left the magic lamp there, as he could not take it with him
علاءالدين د جادو څراغ هلته پريښود، ځکه چې هغه نشي کولی له ځانه سره بوځي
The Princess didn't know know the lamp's value
شهزادګۍ د څراغ په ارزښت نه پوهيده

laughingly, she bade the servant to exchange the magic lamp
په خندا يې نوکر ته د جادو څراغ بدلولو وويل
the servant took the lamp to the magician
نوکر څراغ جادوگر ته يوړ
"Give me a new lamp for this lamp," she said
هغې وويل: "د دې څراغ لپاره ماته يو نوی څراغ راکړه."
He snatched the lamp and bade the servant to pick another lamp
څراغ يې راواخيست او نوکر ته يې وويل چې بل څراغ واخلي
and the entire crowd jeered at the sight
او ټولو خلکو په ليدو ټوکې وکړې
but the magician cared little for the crowd
مگر جادوگر د خلکو لږ پاملرنه وکړه
he left the crowd with the magic lamp he had set out to get
هغه د هغه جادو څراغ سره له خلکو څخه ووت چې د ترلاسه کولو لپاره يې ټاکلی و
and he went out of the city gates to a lonely place
او هغه د ښار د دروازو څخه بهر يوازينی ځای ته لاړ
there he remained till nightfall
هغه هلته تر شپې پورې پاتې شو
and at nightfall he pulled out the magic lamp and rubbed it
او د شپې په تياره کې يې د جادو څراغ راوويست او مسح يې کړ
The genie appeared to the magician
جادوگر ته جنی ښکاره شو
and the magician made his command to the genie
او جادوگر جنی ته خپل امر وکړ
"carry me, the princess, and the palace to a lonely place in Africa"
"زه، شهزادگۍ او مانۍ په افريقا کې يوازيني ځای ته بوځم"
Next morning the Sultan looked out of the window toward Aladdin's palace
بل سهار سلطان له کړکۍ بهر د علاءالدين مانۍ ته وکتل
and he rubbed his eyes when he saw the palace was gone
او سترگې يې ومينځلې کله چې يې وليدل چې مانۍ ورکه وه
He sent for the Vizier and asked what had become of the palace
هغه وزير راوغوښت او پوښتنه يې وکړه چې د مانۍ څه حال دی؟

The Vizier looked out too, and was lost in astonishment
وزیر هم بهر وکتل، په حیرانتیا کې ورک شو
He again put the events down to enchantment
هغه یو ځل بیا پیښې په جادو کې واچولې
and this time the Sultan believed him
او دا ځل سلطان په هغه باور وکړ
he sent thirty men on horseback to fetch Aladdin in chains
هغه دېرش تنه په اسونو سپاره واستول چې علاءالدین په زنځیرونو کې راولي
They met him riding home
دوی هغه په کور کې ولید
they bound him and forced him to go with them on foot
دوی هغه وتړل او مجبور یې کړل چې له دوی سره په پیاده روان شي
The people, however, who loved him, followed them to the palace
خو خلکو چې له هغه سره مینه درلوده، د ماڼی په لور روان شول
they would make sure that he came to no harm
دوی به داډ ترلاسه کړي چې هغه ته هیڅ زیان نه دی رسیدلی
He was carried before the Sultan
هغه د سلطان په مخکې وړل شوی و
and the Sultan ordered the executioner to cut off his head
سلطان اعدام ته امر وکړ چې سر دې پرې کړي
The executioner made Aladdin kneel down before a block of wood
اعدام کوونکي علاءالدین د لرګیو د یوې ډنډ په وړاندې په ګونډو کړ
he bandaged his eyes so that he could not see
سترګې یې وتړلې، ترڅو یې ونه لیدل شي
and he raised his scimitar to strike
او هغه د برید کولو لپاره خپل سکریټ پورته کړ
At that instant the Vizier saw the crowd had forced their way into the courtyard
په دې وخت کې وزیر ولیدل چې ګڼه ګونه یې انګړ ته اړولې وه
they were scaling the walls to rescue Aladdin
دوی د علاءالدین د ژغورلو لپاره دیوالونه وغورځول
so he called to the executioner to halt
نو هغه اعدام کوونکي ته غږ وکړ چې ودریږي
The people, indeed, looked so threatening that the Sultan

gave way

خلک په حقیقت کې دومره داروونکي ښکاریدل چې سلطان لاره ورکړه

and he ordered Aladdin to be unbound

او علاءالدین ته یې امر وکړ، چې بې حده پاتې شي

he pardoned him in the sight of the crowd

هغه د خلکو په نظر کې بخښنه وکړه

Aladdin now begged to know what he had done

علاءالدین اوس وغوښتل چې پوه شي چې هغه څه کړي دي

"False wretch!" said the Sultan, "come thither"

"دروغجن بدبخته!" سلطان وویل: هلته راشه

he showed him from the window the place where his palace had stood

هغه د کړکۍ څخه هغه ځای وښوده چیرې چې د هغه مانۍ ولاړه وه

Aladdin was so amazed that he could not say a word

علاءالدین دومره حیران شو چې یوه خبره یې هم نشوه کولی

"Where are my palace and my daughter?" demanded the Sultan

"زما مانۍ او لور چیرته دي؟" سلطان غوښتنه وکړه

"For the palace I am not so deeply concerned"

"د مانۍ لپاره زه دومره ژوره اندیښمن نه یم"

"but my daughter I must have"

"مګر زما لور باید ولري"

"and you must find her, or lose your head"

"او تاسو باید هغه ومومئ، یا خپل سر له لاسه ورکړئ"

Aladdin begged to be granted forty days in which to find her

علاء الدین د هغې د موندلو لپاره د څلویښتو ورځو لپاره غوښتنه وکړه

he promised that if he failed he would return

هغه ژمنه وکړه چې که هغه ناکام شي نو بیرته به راشي

and on his return he would suffer death at the Sultan's pleasure

او د بیرته راستنیدو په صورت کې به د سلطان په خوښه مړ شي

His prayer was granted by the Sultan

د هغه دعا د سلطان لخوا ومنل شوه

and he went forth sadly from the Sultan's presence

او په خپګان سره د سلطان له حضور څخه ووت

For three days he wandered about like a madman

دري ورځې يې د لېونی په څېر ګرځېدل
he asked everyone what had become of his palace
هغه له تولو وپوښتل چې د هغه مانۍ څه شوه؟
but they only laughed and pitied him
مګر دوی یوازې وخندل او په هغه یې رحم وکړ
He came to the banks of a river
هغه د سیند غاړې ته راغی
he knelt down to say his prayers before throwing himself in
هغه خپل ځان ته د ننوتلو دمخه د لمانځه د ویلو لپاره زنګون وکړ
In so doing he rubbed the magic ring he still wore
په دې کولو سره هغه د جادو حلقه مسح کړه چې هغه لا هم اغوستې و
The genie he had seen in the cave appeared
هغه جینی چې هغه په غار کې لیدلی و ښکاره شو
and he asked him what his will was
او هغه ترې وپوښتل چې د هغه وصیت څه دی؟
"Save my life, genie," said Aladdin
علاء الدین وویل: "زما ژوند وژغوره، جینی."
"bring my palace back"
"زما مانۍ بیرته راوړه"
"That is not in my power," said the genie
جین وویل: "دا زما په اختیار کې نه ده."
"I am only the Slave of the Ring"
"زه یوازې د حلقې غلام یم"
"you must ask him for the magic lamp"
"تاسو باید د هغه څخه د جادو څراغ غوښتنه وکړئ"
"that might be true," said Aladdin
علاءالدین وویل: "دا کیدای شي ریښتیا وي."
"but thou canst take me to the palace"
"مګر تاسو کولی شئ ما مانۍ ته بوځم"
"set me down under my dear wife's window"
"ما د خپلې ګرانې میرمنې کړکۍ لاندې کېښوده"
He at once found himself in Africa
هغه یو ځل په افریقا کې ځان وموند
he was under the window of the Princess
هغه د شهزادګۍ د کړکۍ لاندې و
and he fell asleep out of sheer weariness

او هغه د بشپړ ستړیا څخه ویده شو

He was awakened by the singing of the birds

هغه د مرغانو په سندرو ویښ شو

and his heart was lighter than it was before

او د هغه زړه د پخوا په پرتله روښانه و

He saw that all his misfortunes were due to the loss of the magic lamp

هغه ولیدل چې د هغه ټولې بدبختی د جادو څراغ له لاسه ورکولو له امله وې

and he vainly wondered who had robbed him of his magic lamp

او هغه بې ځایه حیران شو چې د هغه د جادو څراغ چا غلا کړی دی

That morning the Princess rose earlier than she normally

هغه سهار شهزادگی د معمول په پرتله مخکې پاڅېده

once a day she was forced to endure the magicians company

په ورځ کې یو ځل هغه مجبوره شوه چې د جادوگرانو شرکت برداشت کړي

She, however, treated him very harshly

په هرصورت، هغې له هغه سره خورا سخت چلند وکړ

so he dared not live with her in the palace

نو هغه د هغې سره په ماڼی کې د ژوند کولو جرات ونه کړ

As she was dressing, one of her women looked out and saw Aladdin

کله چې هغې جامې اغوستې وې، یوې ښځې بهر وکتل او علاالدین یې ولید

The Princess ran and opened the window

شهزادگی منده کړه او کړکی یې خلاصه کړه

at the noise she made Aladdin looked up

په شور کې هغې علاالدین پورته وکتل

She called to him to come to her

هغې ورته غږ وکړ چې هغې ته راشي

it was a great joy for the lovers to see each other again

دا د مینه والو لپاره ډیره خوښي وه چې یو بل بیا سره ووینې

After he had kissed her Aladdin said:

علاءالدین له ښکلولو وروسته وویل:

"I beg of you, Princess, in God's name"

"زه ستا څخه غوښتنه کوم، شهزادګۍ، د خدای په نوم"
"before we speak of anything else"
"مخکې له دې چې موږ د بل څه په اړه خبرې وکړو"
"for your own sake and mine"
"د خپل ځان او زما لپاره"
"tell me what has become of the old lamp"
"ما ته ووایه چې د زاړه څراغ څه شی دی"
"I left the lamp on the cornice in the hall of four-and-twenty windows"
"ما څراغ د څلور شلو کړکیو په تالار کې په کارنیس کې پریښود"
"Alas!" she said, "I am the innocent cause of our sorrows"
"افسوس!" هغې وویل: "زه زموږ د غمونو بې ګناه یم"
and she told him of the exchange of the magic lamp
او هغې ورته د جادو څراغ د تبادلې په اړه وویل
"Now I know," cried Aladdin
علاالدین چیغې کړې: "اوس زه پوهیږم."
"we have to thank the magician for this!"
"موږ باید د دې لپاره د جادوګر څخه مننه وکړو!"
"Where is the magic lamp?"
"د جادو څراغ چیرته دی؟"
"He carries the lamp about with him," said the Princess
شهزادګۍ وویل: "هغه څراغ له ځانه سره وړي."
"I know he carries the lamp with him"
"زه پوهیږم چې هغه له ځان سره څراغ لري"
"because he pulled the lamp out of his breast pocket to show me"
"ځکه چې هغه د خپل سینې جیب څخه څراغ راوویست ترڅو ماته وښیي"
"and he wishes me to break my faith with you and marry him"
"او هغه غواړي چې زه له تا سره زما باور مات کړم او له هغه سره واده وکړم"
"and he said you were beheaded by my father's command"
"او هغه وویل چې تاسو زما د پلار په امر سر پرې کړی"
"He is always speaking ill of you"
"هغه تل ستاسو په اړه بدې خبرې کوي"

"but I only reply with my tears"
"مګر زه یوازې په اوښکو ځواب ورکوم"
"If I can persist, I doubt not"
"که زه دوام کولی شم، زه شک نه لرم"
"but he will use violence"
"مګر هغه به تاوتریخوالی وکاروي"
Aladdin comforted his wife
علاء الدين خپلې ميرمنې ته تسليت ورکړ
and he left her for a while
او هغه د يو څه وخت لپاره پريښود
He changed clothes with the first person he met in town
هغه په ښار کې د لومړي سړي سره جامې بدلې کړې
and having bought a certain powder, he returned to the Princess
او يو تاکلی پوډر يې اخيستی، هغه بيرته شهزادګۍ ته راستون شو
the Princess let him in by a little side door
شهزادګۍ هغه د يوې وړې دروازې په واسطه دننه کړه
"Put on your most beautiful dress," he said to her
هغه ورته وويل: "خپله تر ټولو ښکلې جامې واغوندې
"receive the magician with smiles today"
"نن په موسکا سره جادوګر ترلاسه کړئ"
"lead him to believe that you have forgotten me"
"هغه دې باور وکړي چې ما هېر کړی دی"
"Invite him to sup with you"
"هغه ته بلنه ورکړئ چې تاسو سره وخوري"
"and tell him you wish to taste the wine of his country"
"او ورته ووايه چې تاسو غواړئ د هغه هيواد شراب وخورئ"
"He will be gone for some time"
"هغه به د يو څه وخت لپاره لاړ شي"
"while he is gone I will tell you what to do"
"کله چې هغه لاړ شي زه به تاسو ته ووايم چې څه وکړي"
She listened carefully to Aladdin
هغې د علاءالدين خبرې په غور سره واورېدې
and when he left she arrayed herself beautifully
او کله چې هغه لاړه هغې خپل ځان په ښکلي ډول تنظيم کړ
she hadn't dressed like this since she had left her city

له خپل بنار څخه د وتلو راهیسې هغې داسې جامې نه وې اغوستي
She put on a girdle and head-dress of diamonds
هغې د الماسونو کمربند او سر کالي اغوستي
she was more beautiful than ever
هغه د هر وخت څخه ډیره ښکلې وه
and she received the magician with a smile
او هغې په موسکا سره جادوګر ترلاسه کړ
"I have made up my mind that Aladdin is dead"
"ما خپل فکر جوړ کړ چې علاءالدین مړ دی"
"my tears will not bring him back to me"
"زما اوښکي به هغه بیرته ماته نه راوړي"
"so I am resolved to mourn no more"
"نو زه پریکړه کوم چې نور ماتم نه کوم"
"therefore I invite you to sup with me"
"له همدې امله زه تاسو ته بلنه درکوم چې زما سره ودرېږئ"
"but I am tired of the wines we have"
"مګر زه د هغه شرابو څخه ستړې شوې یم چې موږ یې لرو"
"I would like to taste the wines of Africa"
"زه غواړم د افریقا شراب وخورم"
The magician ran to his cellar
جادوګر خپلې کوټې ته ورغی
and the Princess put the powder Aladdin had given her in her cup
او شهزادګۍ هغه پوډر چې علاء الدین ورته ورکړی وو په خپل پیاله کې واچاوه
When he returned she asked him to drink to her health
کله چې هغه بیرته راستون شو، هغې وغوښتل چې د هغې روغتیا ته وڅښي
and she handed him her cup in exchange for his
او هغې د هغه په بدل کې خپله پیاله هغه ته ورکړه
this was done as a sign to show she was reconciled to him
دا د یوې نښې په توګه ترسره شو ترڅو وښیې چې هغه له هغه سره پخلا شوې وه
Before drinking the magician made her a speech
د څښلو دمخه جادوګر هغې ته وینا وکړه
he wanted to praise her beauty

هغه غوښتل د هغې د ښکلا ستاینه وکړي
but the Princess cut him short
خو شهزادګۍ هغه لنډ کړ
"Let us drink first"
"راځئ لومړی وڅښئ"
"and you shall say what you will afterwards"
"او تاسو به هغه څه وواياست چې وروسته يې غواړئ"
She set her cup to her lips and kept it there
هغې خپله پیاله خپلو شونډو ته کېښوده او هلته يې وساتله
the magician drained his cup to the dregs
جادوګر خپله پیاله په ختو کې وچه کړه
and upon finishing his drink he fell back lifeless
او د څښاک په پای ته رسيدو سره هغه بيرته مړ شو
The Princess then opened the door to Aladdin
بيا شهزادګۍ علاء الدين ته دروازه خلاصه کړه
and she flung her arms round his neck
او هغې خپل لاسونه د هغه په غاړه کې وغورځول
but Aladdin asked her to leave him
خو علاء الدين له هغې وغوښتل چې هغه پرېږدي
there was still more to be done
لا ډیر څه باید وشي
He then went to the dead magician
بيا هغه مړ جادوګر ته لاړ
and he took the lamp out of his vest
او هغه څراغ له خپل واسکټ څخه راوويست
he bade the genie to carry the palace back
هغه جينی ته امر وکړ چې مانۍ بيرته واخلي
the Princess in her chamber only felt two little shocks
شهزادګۍ په خپله خونه کې يوازې دوه کوچني تکانونه احساس کړل
in little time she was at home again
په لږ وخت کې هغه بيا په کور کې وه
The Sultan was sitting on his balcony
سلطان په بالکوني کې ناست و
he was mourning for his lost daughter
هغه د خپلې ورکې شوې لور لپاره ماتم کاوه
he looked up and had to rub his eyes again

هغه پورته وکتل او بيا يې سترګې مسح کړې
the palace stood there as it had before
ماڼۍ همداسې ولاړه وه لکه پخوا چې وه
He hastened over to the palace to see his daughter
هغه په بيړه د خپلې لور د ليدلو لپاره ماڼۍ ته ولاړ
Aladdin received him in the hall of the palace
علاء الدين هغه د ماڼۍ په تالار کې ترلاسه کړ
and the princess was at his side
او شهزادګۍ د هغه څنګ ته وه
Aladdin told him what had happened
علاءالدين ورته وويل چې څه شوي دي
and he showed him the dead body of the magician
او هغه ته يې د جادوګر مړی وښود
so that the Sultan would believe him
تر څو سلطان پرې باور وکړي
A ten days' feast was proclaimed
د لسو ورځو اختر اعلان شو
and it seemed as if Aladdin might now live the rest of his life in peace
او داسې برېښېده چې علاءالدين ښايي اوس خپل پاتې ژوند په سوله کې تېر کړي
but his life was not to be as peaceful as he had hoped
خو د هغه ژوند هغسې ارام نه و لکه څنګه چې يې هيله درلوده
The African magician had a younger brother
افريقايي جادوګر يو کوچنی ورور درلود
he was maybe even more wicked and cunning than his brother
هغه شايد د خپل ورور په پرتله ډېر بد او چالاک و
He travelled to Aladdin to avenge his brother's death
هغه د خپل ورور د مرګ غچ اخيستو لپاره علاء الدين ته سفر وکړ
he went to visit a pious woman called Fatima
هغه د فاطمې په نوم د يوې نيکې ښځې ليدو ته لاړ
he thought she might be of use to him
هغه فکر کاوه چې هغه به د هغه لپاره ګټور وي
He entered her cell and put a dagger to her breast
هغه د هغې حجرې ته ننوت او د هغې سينې ته يې خنجر کېښود

then he told her to rise and do his bidding
بيا يې هغې ته وويل چې پورته شه او خپله داوطلبي وکړه
and if she didn't he said he would kill her
او که يې نه واى کړى هغه وويل چې هغه به ووژني
He changed his clothes with her
له هغې سره يې خپلې جامې بدلې کړې
and he coloured his face like hers
او هغه خپل مخ د هغې په څير رنګ کړ
he put on her veil so that he looked just like her
هغه د هغې پرده واچوله ترڅو هغه د هغې په څير ښکاري
and finally he murdered her despite her compliance
او بالاخره هغه د هغې د اطاعت سره سره هغه ووژله
so that she could tell no tales
تر څو هغه کيسه ونه کړي
Then he went towards the palace of Aladdin
بيا د علاءالدين د مانۍ په لور روان شو
all the people thought he was the holy woman
ټولو خلکو فکر کاوه چې هغه مقدسه ښځه ده
they gathered round him to kiss his hands
دوى د هغه شاوخوا راټول شول چې لاسونه يې ښکل کړي
and they begged for his blessing
او هغوى د هغه د برکت غوښتنه وکړه
When he got to the palace there was a great commotion around him
کله چې هغه مانۍ ته ورسيد، نو شاوخوا يې يو لوى ګډوډي وه
the princess wanted to know what all the noise was about
شهزادګۍ غوښتل پوه شي چې ټول شور د څه په اړه دى
so she bade her servant to look out of the window
نو هغې خپل نوکر ته امر وکړ چې له کړکۍ بهر وګوري
and her servant asked what the noise was all about
او د هغې نوکر وپوښتل چې شور څه دى؟
she found out it was the holy woman causing the commotion
هغې وموندله چې دا مقدسه ښځه وه چې ګډوډي رامينځته کوي
she was curing people of their ailments by touching them
هغې په لاسونو د خلکو د ناروغيو درملنه کوله
the Princess had long desired to see Fatima

شهزادگۍ له ډېرې مودې راهيسې د فاطمې ليدو هيله درلوده
so she got her servant to ask her into the palace
نو هغې خپله نوکر راوغوښته چې ماڼۍ ته يې ور وغواړي
and the false Fatima accepted the offer into the palace
او دروغجن فاطمې په ماڼۍ کې داوړ انديز ومنله
the magician offered up a prayer for her health and prosperity
جادوګر د هغې د روغتيا او سوکالۍ لپاره دعا وکړه
the Princess made him sit by her
شهزادګۍ هغه د هغې تر څنګ کېناوه
and she begged him to stay with her
او هغې ترې وغوښتل چې د هغې سره پاتې شي
The false Fatima wished for nothing better
درواغجن فاطمې د هيڅ شي ښه نه غوښتل
and she consented to the princess' wish
او هغې د شهزادګۍ غوښتنه ومنله
but he kept his veil down
خو هغه خپله پرده پورته کړه
because he knew that he would be discovered otherwise
ځکه چې هغه پوهيده چې هغه به بل ډول کشف شي
The Princess showed him the hall
شهزادګۍ هغه ته تالار وښود
and she asked him what he thought of the hall
او هغې ترې وپوښتل چې هغه د تالار په اړه څه فکر کوي
"It is a truly beautiful hall," said the false Fatima
فاطمې وويل: "دا واقعيا يو ښکلی تالار دی."
"but in my mind your palace still wants one thing"
"خو زما په ذهن کې ستا ماڼۍ لا هم يو شی غواړي"
"And what is it that my palace is missing?" asked the Princess
"او دا څه دي چې زما ماڼۍ ورکه ده؟" شهزادګۍ پوښتنه وکړه
"If only a Roc's egg were hung up from the middle of this dome"
"که يوازې د راک هګۍ د دې ګنبد له مينځ څخه ځړول شوي وای"
"then your palace would be the wonder of the world," he said
هغه وويل: "نو ستا ماڼۍ به د نړۍ عجايب وي."

After this the Princess could think of nothing but the Roc's egg

له دې وروسته شهزادګۍ د راک د هګۍ پرته د بل څه فکر نشو کولی

when Aladdin returned from hunting he found her in a very ill humour

کله چې علاءالدین له ښکار څخه راستون شو، هغه په ډېر بد طنز کې ولیده

He begged to know what was amiss

هغه وغوښته چې پوه شي چې څه غلط دی

and she told him what had spoiled her pleasure

او هغې ورته وویل چې د هغې خوښي یې خرابه کړې وه

"I'm made miserable for the want of a Roc's egg"

"زه د راک د هګۍ د غوښتنې له امله بدبخت شوی یم"

"If that is all you want you shall soon be happy," replied Aladdin

علاءالدین ځواب ورکړ: "که تاسو همداسي غواړئ نو ژر به خوشحاله شئ."

he left her and rubbed the lamp

هغه یې پرېښوده او څراغ یې مسح کړ

when the genie appeared he commanded him to bring a Roc's egg

کله چې جنین راڅرګند شو نو امر یې وکړ چې د راک هګۍ راوړي

The genie gave such a loud and terrible shriek that the hall shook

جینی دومره زورور او ډارونکی چیغې وکړې چې تالار ولړزاوه

"Wretch!" he cried, "is it not enough that I have done everything for you?"

"خرابه!" هغه وخندل، "ایا دا کافي نه ده چې ما ستاسو لپاره هرڅه کړي دي؟"

"but now you command me to bring my master"

"مګر اوس تاسو ما ته امر کوئ چې خپل بادار راوړم"

"and you want me to hang him up in the midst of this dome"

"او ته غواړې چې هغه د دې ګنبد په منځ کې ځوړند کړم"

"You and your wife and your palace deserve to be burnt to ashes"

"تا او ستا ښځه او ماڼۍ د سوځولو مستحق یاست"

"but this request does not come from you"

"مگر دا غوښتنه له تاسو نه راځي"
"the demand comes from the brother of the magician"
"غوښتنه د جادوګر ورور څخه راځي"
"the magician whom you have destroyed"
"هغه جادوګر چې تاسو يې ويجاړ کړی دی"
"He is now in your palace disguised as the holy woman"
"هغه اوس ستاسو په مانۍ کې د سپېڅلې ښځې په څير دی"
"the real holy woman he has already murdered"
"ريښتيني مقدسه ښځه هغه لا دمخه وژلې ده"
"it was him who put that wish into your wife's head"
"دا هغه و چې دا هيله يې ستاسو د ميرمنې په سر کې واچوله"
"Take care of yourself, for he means to kill you"
"د خپل ځان ساتنه وکړئ، ځکه چې هغه ستاسو د وژلو معنی لري"
upon saying this, the genie disappeared
د دې په ويلو سره جنين ورک شو
Aladdin went back to the Princess
علاء الدين بيرته شهزادګۍ ته لاړ
he told her that his head ached
هغه ورته وويل چې سر يې درد کوي
so she requested the holy Fatima to be fetched
نو هغې د فاطمې د راوړلو غوښتنه وکړه
she could lay her hands on his head
هغې خپل لاسونه د هغه په سر کېښودل
and his headache would be cured by her powers
او د هغه د سر درد به د هغې په واک کې درملنه کيږي
when the magician came near Aladdin seized his dagger
کله چې جادوګر علاءالدين ته نږدې شو خنجر يې ونيول
and he pierced him in the heart
او هغه يې په زړه کې سور کړ
"What have you done?" cried the Princess
"تاسو څه کړي دي؟" شهزادګۍ چيغې کړې
"You have killed the holy woman!"
"تا مقدسه ښځه وژلې ده!"
"It is not so," replied Aladdin
علاءالدين ځواب ورکړ: "داسې نه ده."
"I have killed a wicked magician"

"ما یو ظالم جادوگر وژلی دی"
and he told her of how she had been deceived
او هغه ورته وويل چې هغه څنګه دوکه شوې وه
After this Aladdin and his wife lived in peace
له دې وروسته علاءالدين او ميرمن يې په سوله کې ژوند کاوه
He succeeded the Sultan when he died
کله چې هغه مړ شو، هغه د سلطان ځای ناستی شو
he reigned over the kingdom for many years
هغه د ډيرو کلونو لپاره په سلطنت باندې واکمني وکړه
and he left behind him a long lineage of kings
او تر شا يې د پاچاهانو اوږده سلسله پرېښوده

The End
پای

www.tranzlaty.com

www.ingramcontent.com/pod-product-compliance
Lightning Source LLC
Chambersburg PA
CBHW012011090526
44590CB00026B/3966